LA MUSIQUE DANS LE NORD. —
Niels Gade, Jenny Lind, Chopin, Haberbier

H. Blaze de Bury

1852

Édition : BoD · Books on Demand, 31 avenue Saint-Rémy,
57600 Forbach, bod@bod.fr
Impression : Libri Plureos GmbH, Friedensallee 273,
22763 Hamburg (Allemagne)
ISBN : 978-2-3225-3996-3
Dépôt légal : Mars 2025

LA

MUSIQUE DANS LE NORD.

NIELS GADE. - JENNY LIND. - CHOPIN. - HABERBIER.

Le *scandinavisme* est en politique une question fort respectable, et qui, moins connue sans doute et mains élaborée que l'idée slave, reléguée davantage, par les nations même qu'elle intéresse, dans les régions crépusculaires de la théorie et du *contingent,* ne laisse pas que d'avoir ses fidèles et ses prosélytes. Allez à Copenhague, à Upsal, à Christiania, et vous verrez comme les historiens, les savans et les antiquaires s'échaufferont à vous démontrer l'unité d'origine et la communauté de traditions qui existent entre les deux races danoise et suédoise. À ce chœur, es philologues et les géologues viendront bientôt se joindre : ceux-là pour vous prouver, par le commentaire des antiques Sagas islandaises, que les langues procèdent des mêmes rudimens, ceux-ci pour vous convaincre de l'identité du sol.

Le scandinavisme a sa littérature, il a voulu avoir sa statuaire, et, il y a quelques années, une école se fonda pour la réalisation de ce beau rêve. Il s'agissait de reproduire les demi-dieux et les héros de la mythologie d u Nord et de trouver une *forme* nationale pour les augustes et immortels symboles de l'unité de race et de croyances. On se mit à l'œuvre à Copenhague, à Stockholm et à Rome ; le ciseau s'inspira de l'idée nouvelle, et bientôt tout un olympe de *Thors* et d'*Odins*, de *Walkyries* et de *Nornes*, se dégagea des profondeurs du marbre. Le malheur voulut que la tentative n'eût qu'un médiocre succès, et qu'il arriva ce qu'il ne manque jamais d'arriver dans toutes ces entreprises où l'inspiration de l'activité humaine se subordonne de gaieté de cœur à une théorie improvisée pour les besoins du moment. À défaut du type individuel, qu'on n'avait pas dans famé, *essendo carestia*, comme disaient les Italiens du XVIe siècle, il fallut bien recourir à la tradition classique, et les Odins ressemblaient à s'y méprendre au vieux Jupiter ; il est vrai qu'on se sauva par les attributs, et que les deux corbeaux et le renard Fenris se rencontrèrent fort à propos pour témoigner de l'identité du dieu scandinave, qui sans eux aurait pu se trouver fort compromise. Comment s'imaginer qu'après des siècles l'art s'en ira sortir tout armé des flancs d'une mythologie qui n'a rien su produire d'original, alors qu'elle était en possession du culte et de l'esprit des peuples ? La statuaire grecque a-t-elle attendu pour se manifester que les dieux et les déesses de l'0lympe eussent disparu de ce monde ? N'est-ce pas, au contraire, au moment où elle vivait du souffle et de la vie universelle que cette mythologie a révélé sa forme ? n'est-ce pas sous une apparence en quelque sorte objective, sous l'apparence de la vérité, que le ciseau de Phidias la surprit pour lui imprimer au front le caractère d'une immortalité nouvelle, l'immortalité du marbre de Paros ? Aussi, quelque louables qu'aient pu être les efforts des statuaires scandinaves, ils devaient naturellement échouer par cette raison toute simple, que, la mythologie du Nord n'ayant point créé de forme qui lui fût propre au temps où elle existait à l'état religieux, on ne saurait attendre d'elle désormais qu'une de ces inspirations indéfinies et vagues dont le dilettantisme des époques critiques se contente.

Il est un art qui, bien autrement que la statuaire, semble appelé à favoriser le progrès de ce mouvement des nationalités du Nord : nous voulons parler de la musique. Étudier la vie d'un peuple jusque dans l'histoire de sa musique, pourquoi pas ? L'histoire du cœur humain vaut bien aussi la peine qu'on la compulse, et telle mélodie sans nom d'auteur qui vous captive et vous émeut à six cents lieues de la patrie, au milieu des glaciers de la Norvège, n'est-elle point, en somme, une page arrachée à ce livre ? La musique a pris, de nos jours, un développement si vaste, tant d'élémens variés et tumultueux sont venus compliquer ses formules, qu'il paraît, au premier abord, presque impossible d'établir un rapprochement quelconque entre le motif populaire, — expression ingénue et simple d'un sentiment qui ne demande qu'à s'exhaler, — et la phrase magistrale splendidement revêtue ou surchargée de tous les ornemens d'une instrumentation pompeuse. Et cependant, que l'art en ait ou non conscience, cette affinité existe, et, lorsqu'on se veut rendre compte du génie d'une époque ou d'un maître, lorsqu'on veut savoir quelle originalité propre caractérise la musique française ou italienne, l'allemande ou la suédoise, c'est à la source vive qu'il faut remonter, à l'inspiration première, dégagée de ce merveilleux accessoire dont le papillotage trouble l'œil et l'égare. Le motif qui constitue la nationalité musicale d'un peuple n'a point de date précise, la forme dans laquelle vous le trouvez par hasard n'appartient ni à celui-ci ni à celui-là, mais à tous ; il s'est développé à travers les générations comme un arbre se développe, remplaçant par un vert bourgeon la feuille qui jaunit. Telle mélodie, pour avoir varié vingt fois dans le cours des âges, n'a jamais cessé au fond d'être la même. — Nous ne savons au juste si nous chantons ce *lied* exactement comme on le chantait jadis, mais, ce que nous pouvons dire, c'est que, tout aussi bien que nous, ce *lied* descend de nos ancêtres, et qu'en dépit des pousses nouvelles il a tenu bon sur sa vieille racine. — C'est surtout chez les peuples du Nord que cette perpétuité traditionnelle d'un chant offre un vif intérêt à qui l'observe et l'étudie, car il ne s'agit plus ici d'une lettre morte ou d'une de ces curiosités banales dont se paie trop volontiers la science bénévole des antiquaires, mais de l'élément même de la vie d'un peuple, d'une force mystérieuse et profonde cachée au cœur de sa nationalité, et de laquelle, au jour de son avènement, l'art empruntera sa première inspiration et le vrai signe caractéristique de son génie. — En quoi le système de Mozart, par exemple, diffère-t-il du système de Hasse, si ce n'est par cet inépuisable filon mélodique creusé dans la mine du champ populaire, si ce n'est par ces tournures si franchement neuves comparées au style conventionnel, au *maniérisme* pratiqué jusque-là, par ces tournures dont pourtant, depuis plus d'un siècle, la tradition nationale contenait en germe le dépôt ?

Le *lied* musical, ce produit charmant de l'efflorescence viennoise, cette forme que Schubert agrandit et développa, et dont il fit son royaume comme Beethoven a fait le sien de la symphonie, le *lied* date de Mozart, qui l'a pris du peuple, où il existait à l'état d'idée, pour le transporter dans le domaine de l'art. J'entends souvent appliquer aux musiciens du Nord ces mots de classiques et de romantiques presque toujours improprement usités parmi nous : c'est idéaliste et naturaliste qu'il faudrait dire. Mozart, Haydn, Charles-Marie de Weber, sont des naturalistes, en tant qu'ils procèdent plus particulièrement de la forme populaire et que le secret de leur originalité réside surtout dans le développement et l'interprétation poétique du motif vulgaire, qui s'étend, se colore et se fixe au souffle créateur de leur génie, sans rien perdre de la grace native et de la saveur première. Bach, Beethoven, Cherubini, au contraire, sont des idéalistes ; avec eux, l'élément simple s'efface et disparaît. Pontifes de l'idée, ils en célèbrent les mystères gravement, solennellement, sans plus se soucier qu'un prêtre d'Eleusis des caprices de la foule et des doutes de ceux que l'initiation n'a point préparés. Plus vastes, plus profonds, mais aussi plus abstraits, à peine si leurs yeux daignent s'ouvrir à la lumière du ciel ; ils regardent en eux, et leur œuvre ne s'évertue à reproduire que le mysticisme de leur propre pensée et la rêverie de leur ame. S'il me fallait un trait d'union entre les deux tendances, j'indiquerais Mendelssohn, ce Lessing de la musique, comme on l'a très spirituellement nommé en Allemagne. Cette empreinte philosophique, cet idéalisme abstrait qui marque si profondément les chefs-d'œuvre des Bach, des Beethoven et des Cherubini, empêchera toujours ces maîtres de se mouvoir en dehors du sanctuaire ; forcément leur grandeur les attache au rivage. Pour le public, ils seront toujours, quoi qu'on fasse, des aristocrates dans l'acception la plus magnifique du mot : — aristocrates comme Michel-Ange, Goethe, Aristote et Bossuet. Connaissez-vous beaucoup de mélodies de Beethoven qui soient sorties de l'enceinte consacrée pour se répandre dans la multitude ? Prenez la chanson de Claire dans *Egmont : Freudvoll und leidvoll,* en poésie un des motifs les plus populaires qu'il y ait en Allemagne ; Beethoven la met en musique, et personne au monde ne s'en doute, si ce n'est dans cette classe de gens qui fréquentent les conservatoires et s'occupent du transcendental. Singulier privilège, inhérent à ce génie superbe, de dépopulariser, même par un chef-d'œuvre, ce qui de sa nature allait au plus grand nombre, de telle sorte qu'on dirait une monnaie courante changée en or et s'emprisonnant sous triple clé dans la cassette avare du collectionneur de médailles ! Maintenant, tournez-vous du côté de Schubert ; celui-là emprunte au chantre de

Wallenstein sa Thécla, pour en faire le sujet de deux inimitables rêveries, et bientôt le type musical se répand à ce point qu'il refoule dans l'ombre le type littéraire, l'original, que beaucoup désormais prennent pour la copie. Ainsi de Mozart ; où ses motifs n'ont-ils pas pénétré ? Il s'est inspiré de la muse populaire, et c'est aujourd'hui sa propre inspiration qui survit seule. L'air traditionnel a disparu, ne laissant subsister que la version du maître.

Il est vrai que Mozart et, avant lui, Haydn ne cessèrent de rester en rapport avec leur temps, qu'ils en observèrent les besoins et les goûts, et qu'ils eurent même pour ses caprices et ses modes de ces indulgences et de ces faiblesses auxquelles se refusent jusqu'à la fin ces ames altières plus exclusivement tournées vers le culte de l'idéal. On sait combien d'*opérettes*, de marches, de sarabandes, de gavottes et d'improvisations de toute espèce dans le goût du jour Haydn a composées ; quant à Mozart, la recherche du succès fut très souvent la cause d'étranges modifications dans ses plus importans ouvrages, témoin ces quatre ou cinq morceaux de *la Flûte enchantée* dont il changea le style et qu'il transcrivit sur des motifs courans en vue de la popularité ; exemple que devait suivre plus tard Rossini, lequel, écrivant sa *Sémiramide pour le théâtre de la Fenice, trouva moyen, pour faire sa cour au peuple des lagunes, d'introduire dans un duo chanté par la reine d'Assyrie et son fils ce fameux air connu sous le titre de* Carnaval de Venise. *À Vienne florissait au* XVIIIe *siècle une sorte d'opéra-comique populaire ; cela s'appelait* Wiener-Possen mit Gesang. *C'était d'ordinaire pour le sujet quelque histoire légendaire ou chevaleresque burlesquement traitée* la Fille du Danube, le Moulin du diable, *et, pour la musique, des airs et des chansons empruntés çà et là aux échos de la rue ou de la montagne, et que deux compositeurs alors en renom,* Wenzel Müller *et* Ferdinand Kauer, *possédaient le secret de coudre ensemble et de mettre agréablement en lumière. Peut-être qu'en cherchant bien, on trouverait que ce genre d'atellanes musicales n'a pas été sans influence sur Mozart et son école. Ainsi le rôle de Papageno dans* la Flûte enchantée *s'y rattache tout entier. C'est une étude curieuse que de voir Mozart retourner toujours à cette source féconde où son inspiration a puisé ses plus délicieuses idées. S'il s'en éloigne avec* Idoménée, *avec* la Clémence de Titus, *il y revient avec* Leporello, *avec* la Suzanne *et le* Chérubin *des* Noces de Figaro, *avec ce* Papageno *fantasque, dont l'habit d'Arlequin ne se compose en somme que de bigarrures populaires merveilleusement ajustées. Par cette tendance propre au génie à développer jusqu'à l'excès la loi première de sa nature, tandis que l'auteur de* la Flûte enchantée *s'attache à creuser chaque jour davantage cette mine de la tradition dont il taille, en ingénieux lapidaire, les éblouissantes pierreries, — de plus en plus solitaire et misanthrope, de plus en plus voué au culte de son rêve intérieur, Beethoven se perd dans l'idéal et l'abstrait, et ses dernières compositions s'enveloppent comme à plaisir d'une atmosphère nébuleuse que l'œil de l'initié lui-même n'est pas toujours très sûr de pouvoir percer.*

C'est un naturaliste aussi que M. Gade, le chef contemporain de l'école danoise ; naturaliste en ce sens qu'il apporte au plus haut degré dans ses compositions le caractère et la couleur du sol où il est né, et que vous entendez, à travers chacune de ses œuvres, passer comme une bouffée de ce souffle mélodique qui est en musique l'indispensable élément de la vie d'un peuple, et vibrer l'écho passionné de tant, de motifs anonymes livrés au vent du nord par les générations. Si l'on me demandait : — Y a-t-il en sculpture un art scandinave ? Même après avoir admiré les plus beaux marbres de Thorwaldsen, je n'hésiterais pas à répondre : Non. Autre chose pourtant est de la musique, et quand je rapproche de certaine symphonie de M. Gade, de sa *Comala* par exemple, diverses révélations de la muse vulgaire qui nous sont venues tant par Jenny Lind que par mainte autre individualité sur laquelle j'aurai à m'expliquer tout à l'heure, il m'est impossible de ne point reconnaître là une nationalité très prononcée. Né vers 1819 à Copenhague, M. Niels W. Gade occupe, depuis la mort de Mendelssohn, à Leipzig, la place de directeur de la Société des Concerts. Or, pour peu qu'on veuille y réfléchir, un pareil poste, en Allemagne,.., est significatif, et la succession du chantre de *Paulus* et du *Songe d'une Nuit d'été* semble pour le jeune maître d'autant plus flatteuse et honorable, que ce fut Mendelssohn lui-même qui le désigna pour son héritage. Né à Copenhague, il était dans l'ordre des choses que M. Gade cherchât au début à se créer, au cœur même de l'Allemagne musicale, un point de départ d'où il se ferait ensuite victorieusement reconnaître par son pays, lequel, selon l'antique et solennel usage de tous les pays de ce monde, avait besoin, pour croire à la valeur d'un de ses enfans, que des étrangers l'en eussent informé. Découragé du peu de sympathie qui se montrait autour de lui, ennuyé d'attendre vainement cette heure glorieuse du succès qui menaçait de ne jamais devoir sonner à l'horloge de sa paroisse, de Copenhague, où il végétait assez pauvrement, M. Gade prit le parti d'écrire droit à Mendelssohn, et ne laissa pas de joindre à l'épître sa meilleure symphonie. Mendelssohn lut la lettre, et surtout la symphonie, dont il fut charmé. « Vous commencez par où j'ai fini, » répondit-il à M. Gade ; et pour le mieux convaincre de la sincérité du compliment, il fit exécuter sa symphonie aux applaudissemens prolongés de tout ce que Leipzig avait de connaisseurs. Le succès fut immense ; on l'entendit de Copenhague, et de ce jour les Danois proclamèrent leur compatriote un grand maître. Bientôt l'Allemagne vint le disputer à sa patrie. Quand mourut Mendelssohn, la ville de Leipzig voulut avoir M. Gade à la tête de ses concerts, et c'est dans ce poste qu'il s'établit jusqu'au moment où la guerre du Sleswig le rappela en Danemark.

Le style de M. Gade respire en général cette grandeur sauvage un peu abrupte qui est comme le caractère particulier des races du Nord. La tristesse et la mélancolie n'ont rien ici de ce faux air de sentimentalisme que l'éloignement des sources primitives inspire trop souvent aux créations de l'art. Rudesse, si l'on veut, j'y consens ;

mais cette rudesse porte en soi je ne sais quelle énergie féconde et saine qui, lorsqu'on songe aux graces fardées de ces mille compositions dont tant bien que mal notre dilettantisme se paie, vous rappelle l'impression vivace que produit sur des sens émoussés par l'abus des parfums l'odorante saveur d'une forêt de pins de la Norvége. On connaît cette mâle figure sous les traits de laquelle Albert Dürer a représenté la *mélancolie*, superbe évocation du génie du Nord, si loin de ressembler dans ses formes robustes, dans sa musculature vigoureuse, à ce type grêle et maladif que la tradition erronée des peintres de salon se complaît chez nous à reproduire. L'énergie dans la tristesse, la mélancolie dans la force, une rêverie austère et toujours grave, telle se montre la figure du grand artiste de Nuremberg, telle m'apparaît la musique des peuples du Nord, et ce qui constitue à mes yeux le principal mérite de M. Gade, c'est d'avoir, dans la plupart de ses symphonies, dans sa *Comala* surtout, su garder l'empreinte de ce caractère que j'appellerai, si l'on veut, scandinave.

Je connais de M. Gade quatre symphonies, toutes remarquables à divers titres, mais parmi lesquelles on distinguera de préférence celle en *la*, très renommée à Leipzig, et une autre dont la désignation spéciale m'échappe, ayant pour thème principal un air national danois. Je passe sur un ouvrage dramatique exécuté dernièrement à Copenhague sous le titre de *Mariotta*, partition agréable et facile, mais qui, pour l'importance musicale, est loin de valoir ses *Echos d'Ossian (Nachklänge von Ossian*), et cette ravissante ouverture qu'il appelle *In the Highlands*, résumé poétique et plein d'intérêt des mélodieuses impressions de l'école romantique. Ossian, les montagnes d'Écosse, cette préoccupation du Scandinave cherchant à travers l'espace et les siècles ses affinités originales, mérite ici qu'on la remarque. Walter Scott, dans *le Pirate*, a fait d'excellentes pages sur les traces que les peuples de la Scandinavie ont laissées de leur occupation dans les points extrêmes de la Calédonie, dans les îles Orkney par exemple, et je renvoie au roman du célèbre Écossais quiconque s'étonnerait de cette tendance si familière au génie des artistes du Nord, je ne dirai pas de s'approprier ces traditions ossianiques, car ils les regardent, et à bon droit, comme leur appartenant, mais d'y revenir en toute occasion. Ainsi ces échos de la lyre calédonienne, qui tant de fois ont servi de texte aux plus heureuses inspirations de M. Gade, voici encore que nous les retrouvons avec *Comala*, son œuvre capitale pour la puissance de l'instrumentation, la verve mélodique, l'originalité de la composition et des effets, celle enfin où le vrai maître se révèle.

Comala est un intermède-symphonie, une de ces œuvres instrumentales mêlées de récits, de cavatines et de choeurs, espèce d'oratorio, moins l'idée religieuse. Évidemment la musique cherche aujourd'hui de ce côté des voies nouvelles ; il y a une forme d'épopée lyrique à découvrir, et tous les essais de la jeune école allemande, toutes les tentatives des compositeurs de la pléiade de Leipzig, depuis

M. Gade jusqu'à MM. Robert Schumann et Wagner, convergent vers ce but. Après que Gluck eût élevé le drame musical à des hauteurs ignorées de Haendel et que depuis on n'a point dépassées, vint Haydn dont la muse pastorale et fleurie, assez médiocrement préoccupée de l'étude des passions, n'eut en quelque sorte d'autre souci que de se laisser béatement bercer sur le sein de la nature. La musique instrumentale vit alors s'agrandir son royaume ; jusque-là souveraine absolue, la voix humaine ne régna plus que sur des forces pour ainsi dire émancipées et jalouses désormais de leur indépendance. Ce fut l'enfance de la musique instrumentale, ce fut son âge d'or et son Arcadie, — temps heureux où l'orchestre, déjà libre et ne songeant point encore à la domination, s'unissait à la voix en de mélodieux hyménées. *La Création* et *les Saisons* virent le jour vers cette période ; cela s'intitulait oratorios : pour quelle raison ? on ne nous l'a jamais dit. *La Création* ! — passe encore ; mais *les Saisons* ? Qu'avait en soi de religieux un pareil sujet, si ce n'est un sentiment de la nature qui déborde, un vague panthéisme, ne se rattachant par aucun lien au texte de la révélation ? On l'aura remarqué, dans tout ceci le genre épique n'apparaît pas : avec Gluck, la tragédie lyrique dans sa plus sublime acception ; avec Haydn, la cantate, la symphonie, l'idylle. Quant à Mozart et à Beethoven, ne peut-on pas dire d'eux que toutes les formes de l'art, ils les ont épuisées, hormis une, celle dont nous parlons ? On ne saurait nier que les traditions héroïques d'une nationalité, ainsi interrogées au point de vue musical, n'offrent un champ glorieux à l'exploitation du génie. Reste à savoir si le génie se montrera. Toujours est-il qu'on peut dès aujourd'hui constater d'intéressantes et curieuses tentatives. J'ai nommé tout-à-l'heure MM. Schumann et Wagner ; leurs compositions, empruntées aux légendes allemandes, relèvent évidemment de ce genre d'inspiration dont procède, au premier chef, la *Comala* de M. Gade.

On se souvient du poème d'Ossian. — C'est l'œuvre même de l'Homère calédonien que le musicien de Copenhague a mise en musique sujet national s'il en fut, car, au dire des commentateurs, cette ode symphonique, notée par les bardes selon les rhythmes et la tablature du temps, se chantait devant les chefs dans les grandes et solennelles occasions. Comala, fille d'un roi de la verte Érin, éprise d'une vive passion pour Fingal, abandonne le toit paternel pour s'attacher aux pas du héros scandinave, qu'elle accompagne sous des habits d'homme. Le roi Fingal, ému, de son côté, par le dévouement de la jeune princesse, dont l'irrésistible beauté l'avait d'abord séduit, se prépare à l'épouser, lorsque la guerre éclate avec les Romains sous l'empereur Caracalla. Fingal se met en marche pour joindre l'ennemi ; voyant Comala s'obstiner à le vouloir suivre au milieu des périls, il lui ordonne de s'arrêter à une certaine distance du champ de bataille, et promet, s'il échappe à la mort, de venir la retrouver dans la nuit même. L'attente de Comala, les angoisses par lesquelles elle passe pendant que Fingal dispute à l'ennemi sa puissance et ses jours, tel est l'ordre de sentimens dont la peinture sert d'introduction à l'œuvre musicale. Morne et silencieuse, la royale jeune fille attend, et ses deux grands chiens gris couchés à ses pieds dans la rosée, son noble visage appuyé sur son bras, ses cheveux dénoués au vent de la montagne, elle tourne son œil bleu vers le champ du combat.

Cependant tout à coup arrive du camp de Fingal Hidallan, fils de Lemor, jeune chef que le roi envoyait annoncer à Comala sa victoire et son retour. Comme Jago, Hidallan a aimé, et son amour dédaigné s'est changé en un sentiment de jalousie féroce. Messager de joie et de bonheur, il trahit perfidement son rôle, et raconte à la bien-aimée de Fingal la fausse nouvelle de la défaite et de la mort du héros. Au récit d'Hidallan, Comala éclate en sanglots, et Corneille lui-même ne dépasse pas dans les imprécations de Camille le sublime mouvement de cette fille des montagnes lançant contre Rome son cri de désespoir ; puis, se tournant vers l'envoyé félon dont elle ignore l'imposture « Pourquoi me dire, Hidallan, que mon héros a succombé ! Hélas ! sans toi, j'aurais pu espérer encore son retour ! j'aurais pu croire que je l'apercevais sur ce rocher lointain ; une tige d'arbre m'eût trompée aux clartés de la lune, et le vent de la montagne eût résonné à mes oreilles comme le son d'un cor ! Oh ! que ne suis-je sur les bords du Carun pour que mes larmes baignent son visage et le réchauffent ! »

M. Gade a traité en maître toute cette situation. — Bientôt cependant une fanfare militaire interrompt les lamentations de Comala c'est Fingal qui revient entouré de ses bardes et de ses guerriers. On salue, on acclame le triomphateur ; tous se pressent sur ses pas, tous en lui reconnaissent Fingal, tous excepté la pâle jeune fille, dont la douleur a brisé l'ame, et qui désormais, en proie à sa mélancolique illusion, dans ce royal jeune homme qu'elle a devant les yeux, se refuse à voir autre chose que l'ombre de son bien-aimé. « Oui, mène-moi vers ta demeure et me fais partager ton repos, fils chéri de la Mort ! » Vainement Fingal s'épuise à la désabuser ; l'idée fatale la possède, et lorsqu'elle reconnaît la vérité, il est trop tard ; la Mort qu'elle a invoquée a répondu à son appel. « C'est bien lui en effet, c'est Fingal ! Il revient dans sa gloire ; sa main victorieuse presse ma main ! Ah ! laissez-moi m'asseoir sur ce rocher jusqu'à ce que le calme rentre dans mon ame ébranlée ! Ma harpe ! donnez-moi ma harpe ! Entonnez vos chants, filles de Morna ! » A tant d'émotions, cette ame délicate et tendre ne saurait survivre ; l'ivresse du bonheur achève de briser cette douce nature que son désespoir a meurtrie, et le chœur des blondes filles d'Ardven annonce à Fingal la mort de Comala.

Je ne puis me rappeler cette situation de Comala recevant la fausse nouvelle de la mort de Fingal sans songer à la Desdemona de Rossini au second acte d'*Otello*, et cette analogie dans le drame provoquerait au besoin d'assez curieux rapprochemens entre le génie des peuples du Nord et celui des pays méridionaux. Chez la fille du Nord, le désespoir revêt aussitôt un caractère irrévocable. On dit à

Comala que Fingal est mort, et, sans plus s'informer, sans pouvoir même douter un seul instant du fatal message, cette ame concentrée et grave succombe ingénûment à la première blessure qu'on lui porte. La belle Vénitienne, au contraire, passe d'un extrême à l'autre et n'en meurt pas ; sa nature, moins primitive, résiste vigoureusement à la double atteinte, presque simultanée, de la tristesse et de la joie. Éplorée et déchirante lorsque le chœur commence par lui annoncer que Rodrigo a tué le More, quels sublimes élans son bonheur va trouver tout à l'heure, quand des amis mieux informés la désabuseront !

« Ditemi almen voi,
Otello ?… - Vive. — O gioja ! »

L'accent que la Grisi donnait à cette note, à ce cri, l'explosion entraînante de son délire resteront dans tous les souvenirs comme un des plus admirables effets où la passion dramatique puisse s'élever. Desdemona va de l'extrême deuil à l'ivresse de la joie, et son ame expansive résiste à ces climatériques transitions, tandis que pour tuer Comala une flèche suffit. Elle meurt, la douce vierge des bruyères, pour avoir un seul instant cru au trépas de celui qu'elle aimait, et la présence même de Fingal est impuissante à ramener à la vie cette ame qu'une émotion a brisée à jamais. La passion chez les races du Nord ! — quel grave et beau sujet d'étude ce serait là ! A l'énergie dans la tristesse, la musique unit la simplicité dans la profondeur ; elle porte notamment partout l'empreinte d'une force et, qu'on me passe l'expression, d'une intensité de sentiment dont on chercherait en vain des traces même chez les compositeurs de l'Allemagne. J'en veux prendre ici pour exemple l'admirable plainte que l'idée de la mort de Fingal arrache à Comala dans la partition de M. Gade. Donnez à une pareille inspiration une interprète digne d'elle ; donnez-lui surtout un public dont le commerce des muses de tréteaux n'aura point dégradé le goût, et vous verrez que la musique même après Mozart et Beethoven, même après Weber et Rossini, peut encore trouver des voies nouvelles.

Une chose aussi m'a frappé dans l'épopée lyrique du musicien danois, — je veux parler de l'ordonnance de l'introduction, — de cette scène où Comala, en proie aux angoisses de son attente, se tient assise à l'écart et s'attache à poursuivre le monologue de sa douleur, tandis que ses compagnes groupées alentour commentent ce qui se passe en elle. Cette disposition des personnages, cette simplicité, cette harmonie du tableau vous reporte d'emblée en plein Euripide, et vous croyez avoir devant vos yeux ce magnifique début de *Phèdre,* où la mourante reine, assise en son isolement sur le seuil du palais de Thésée, sert de sujet à la conversation du choeur. Qu'on ne s'y trompe pas, l'analogie s'offre ici d'elle-même, car rien au monde n'est plus fréquent que ces souvenirs de la Grèce qui viennent tout à coup vous surprendre au milieu de la contemplation de certains produits du génie septentrional. C'est un fait remarquable que les Scandinaves se rapprochent parfois de l'antique à un très haut degré, et cela plus naturellement que les Allemands, lesquels n'ont guère à mettre en avant en pareille matière que des essais inspirés par le dilettantisme. Tandis que les *Niebelungen* contiennent en germe toute la poésie du moyen âge et de la chevalerie et servent évidemment de préface à une littérature nouvelle, tel passage des *Eddas* vous rappelle vaguement les chants de *l'Iliade*.

Et puisque j'ai touché ce point de similitude entre la muse antique et le génie septentrional, j'ajouterai que c'est peut-être là le caractère d'originalité qui m'a le plus vivement frappé chez Jenny Lind, l'artiste scandinave par excellence. Bien des cantatrices ont reçu de la nature des dons égaux, sinon supérieurs, aux facultés dont dispose cette étrange fille du Nord. J'en connais qui ont la voix plus étendue et plus souple, j'en connais même qui chantent mieux ; mais aucune ne chante comme elle. Pureté, force, tout le secret de ce talent, je dirai plus, de cette individualité, se résume en ces deux mots. On comprend dès-lors quelles affinités mystérieuses devaient exister entre elle et certains types féminins de la Grèce antique. Vierge du Nord ! Velléda même, si l'on veut, mais surtout prêtresse de Diane ! c'est là une impression à laquelle on ne saurait résister lorsqu'on la voit s'avancer dans la première scène de *Norma*, sa faucille d'or à la main, le front couronné de ses opulens cheveux et son regard pur et profond élevé vers l'astre de la nuit. Il y a un sérieux dans ce talent, une *loyauté* qui dépasse tout ce qu'on imagine. On dirait qu'elle se ferait scrupule de dérober à la moindre note sa valeur, sa part légitime de sonorité. Peut-être même lui doit-on reprocher comme un défaut cette préoccupation, peut-être met-elle trop de soins à vouloir produire au dehors les intentions du maître, à chercher des *sens* dans le texte. C'est pourquoi, si j'excepte Norma, son rôle définitif et sa création exclusive, je verrai toujours de préférence la plus parfaite expression du talent de Jenny Lind dans cet accent inimitable qu'elle donne à toutes ces mélodieuses émanations du sol natal : ballades, romances et chansons qu'elles nous a révélées, véritables fleurs de neige cueillies au pied des âpres sapins de ses Alpes norvégiennes, et que la Marguerite scandinave effeuille par le monde entier. Quelle critique oserait toucher à de pareils chefs-d'œuvre et ternir de son souffle la transparence immaculée du cristal de roche ! Ici, la simplicité des thèmes se prête d'ordinaire à merveille à l'inspiration si profondément interprétative de la grande cantatrice ; il en résulte des effets singuliers, et je défie toute ame quelque peu douée du sens musical ou poétique d'oublier la sympathique mélodie de ces *lieds* suédois éparpillés désormais à tous les vents d'Europe et d'Amérique par la voix de cette étrange femme que Paris seul n'aura pas pu juger.

Un soir, au grand opéra de Berlin, Mme Viardot chantait *le Prophète*. La cantatrice était en voix et en inspiration, le public l'avait adoptée, et, sur les dernières mesures de la complainte de la mendiante au quatrième acte, la salle entière éclata en bravos. À l'opéra de Berlin, les femmes applaudissent, comme c'était jadis d'usage aux Italiens alors qu'il y avait encore un Théâtre-Italien à Paris. Aussi, sur toute cette riche ceinture de loges, dont le salon royal, avec son splendide baldaquin de pourpre et ses encadremens d'or massif, forme le centre, c'étaient des démonstrations à perte de vue, et les plus jolies mains battaient à rompre leurs gants. Une seule personne semblait demeurer étrangère à l'enthousiasme général, et cette abstention se faisait remarquer d'autant plus que, placée au premier rang dans la société de Berlin, cette personne y exerçait en toute question d'art, de littérature et de goût, un de ces arbitrages suprêmes dévolus du consentement unanime à certaines femmes éminentes par le cœur et l'esprit, et dont aucun ne songe à appeler, qu'on se nomme Cornélius, Ranch ou Meyerbeer. Curieux de savoir la cause de ce silence, l'entr'acte venu, j'allai m'en informer dans sa loge. « Quelle admirable chose que cette romance de Fidès ! — Oh ! sublime : vous connaissez mon admiration pour Meyerbeer. — Et que Mme Viardot l'a bien dite ! — Oui, pas mal. — Pourtant vous ne l'avez pas applaudie ? — Ah ! vous l'avez remarqué ? — J'avoue que de votre part ce dédain ne laisse pas de m'intriguer un peu. — Vous vous trompez, ce n'est pas du dédain ; j'estime beaucoup le talent de Mme Viardot. — Mais alors ? — Vous étiez avant-hier à la soirée d'adieux de Jenny Lind : qu'en pensez-vous ? — Qu'on n'a jamais entendu rien de pareil. — Ajoutez, *et que jamais on n'entendra*. C'est pourquoi ces deux mains que vous voyez là ont applaudi pour la dernière fois. — Ah ! oui, *veder Napoli, poi morir* ! C'est possible ; riez. Quant à moi, qui prends mes admirations plus au sérieux, je sens que j'en ai perdu la faculté d'applaudir. »

Cet exclusivisme dans l'admiration qu'ils inspirent est un des traits caractéristiques des artistes du Nord. Leurs voix possèdent des accords particuliers, leurs natures des élémens nouveaux et féconds ; ils ont *l'accent*, le son, ame de la musique, signe définitif de l'individualité aussi s'attache-t-on à eux par des liens secrets, et, la fibre qu'ils remuent étant plus cachée et plus profonde, la vibration s'en prolonge davantage. Leur public est plus restreint sans doute, car je ne compte pas dans le public de Jenny Lind cette multitude d'enthousiasmes de pacotille qu'en tous temps et en tous lieux le succès attire après soi ; mais aussi quelles sympathies ils éveillent ! quelles traces impérissables ils laissent dans les ames capables de rêverie et d'attendrissement ! « La meilleure partie de moi s'en est allée, » soupire Pétrarque en rêvant à Laure. N'y a-t-il pas comme un écho vague et lointain de cette plainte dans les regrets d'une ame qui voit s'éloigner la mélodieuse interprète de ces airs qui, lorsqu'ils vous savent charmer, produisent un effet auquel nulle autre musique ne se peut comparer ? « Jenny Lind est partie, et désormais je n'applaudirai plus » Cette parole, qui, dans la bouche d'une Française, semblerait affectée, dite avec le ton simple et naturel dont elle fut prononcée, m'a toujours paru l'expression la plus vraie de cette espèce de souvenir compliqué de nostalgie que laissent après elles, chez certaines natures d'une délicatesse exquise, les révélations de la muse du Nord. Cette force sympathique, Chopin la possédait au suprême degré, et c'est par elle surtout que vaut ce M. Haberbier que le pays des Jenny Lind et des

Gade nous envoie, et dont le nom, hier parfaitement obscur, brille aujourd'hui sur ce firmament d'ivoire où se prélassait l'astre des Liszt et des Thalberg.

L'accent, le son, voilà ce qui, dès la première fois qu'on l'entend, vous frappe chez cet artiste, auquel s'applique ce que nous disions tout à l'heure de Jenny Lind, et ce qui se pourrait dire aussi de ce violoniste norvégien à l'archet si puissant, de cet Ole-Bull, l'une des plus originales et des plus poétiques apparitions qui se soient produites depuis Paganini. Et quand j'insiste sur ce point, je ne parle pas de cette faculté, parmi nous, hélas ! trop répandue, d'assourdir à. grand renfort d'octaves et de gammes chromatiques les oreilles d'un auditoire, mais d'un don inhérent, selon moi, aux natures du Nord, de cette aptitude qui consiste à trouver en toute chose la note vraie, émouvante, la corde sensible qui fait dire à l'ame : C'est cela. Je me tais sur l'inexprimable habileté de ces doigts que les doigts d'un Liszt lui-même essaieraient vainement d'atteindre à la course. Quant à l'art de l'exécution, en ce qui regarde les *difficultés*, on se sent tout disposé à s'écrier avec le vieux Goethe

> Das Unbeschreibliche
> Hier ist gethan !

« L'indescriptible cette fois s'est réalisé ; » et, pour peu qu'on daigne me permettre d'expliquer franchement ma pensée, j'avouerai que j'en suis fort aise. Plus vous multipliez les moyens de destruction, plus vous rendez la guerre impossible : j'espère qu'il en sera de même de cette jonglerie qu'on appelait en musique la *difficulté*. Une fois que ce clinquant, qui passait pour de l'or aux mains des habiles, devient une monnaie courante, sa valeur diminue, et finit par tomber en complet discrédit. Mettez l'impossible à la portée de tout le monde, l'impossible n'existe plus ; faites une chose désormais accessible et simple de ces arpèges, de ces trilles et de toute cette exécution chromatique qui n'avait d'autre mérite aux yeux des gens que celui de la difficulté vaincue, et le public, revenu de sa piperie, à la place de ces arpéges et de ces trilles qu'il applaudissait sur parole, demandera, comme Bartholo, qu'on lui chante seulement un petit air tout simple, telle phrase que vous voudrez, pourvu que le cœur s'y montre, le finale de la *Sonnambula* par exemple, ou la romance du *Saule*, rien que cela : essayez.

Rubini, le grand maître du chant large et pathétique, cette voix sublime dont la note élégiaque et profonde vibre encore dans toutes les poitrines, Rubini commença, qui le croirait aujourd'hui ? par être un chanteur de roulades ; il se rompait aux mille gentillesses du style fleuri. Je le vois encore s'escrimant à côté de Mme Mainvielle-Fodor en gazouillis délicieux et demandant aux prestiges de la vocalisation, à la *difficulté*, une renommée qu'il ne devait conquérir que plus tard par l'entière transformation de son talent. Bellini vint, et du mouvement imprimé par le maître de Catane à la phrase dramatique sortit une nouvelle école de chanteurs. Aux graces vives et brillantes, à l'étincelant coloris, à l'ornementation un peu surchargée de la méthode rossinienne, l'auteur de *Norma* et des *Puritains* fit succéder la note émue et palpitante, la cantilène attendrie, en un mot le chant *spianato*, comme on dit en Italie, dans toute l'éloquence de son expression. Avec quelle admirable intelligence Rubini sentit tout d'abord le parti qu'on pouvait tirer du système nouveau, et comment, s'étant plongé dans ces courans mélodieux, il y laissa pour jamais l'attirail routinier du vieux style, il suffit, pour qu'on le sache, d'avoir suivi au Théâtre-Italien et dans ses diverses périodes le développement de cette organisation si douée. On a beaucoup parlé naguère en littérature d'une certaine école du bon sens qui promettait merveilles, et en somme n'a rien donné ; cette fois, ce fut l'école du sentiment qui, avec Rubini, se fonda. L'expression régna sans partage, l'ame passa dans la voix : Elvino, Percy, Ravenswood, Arturo, types immortels et qui jamais ne sortiront des souvenirs de tous ceux qui avaient vingt ans à cette bienheureuse époque ! À cette école de Rubini, combien de disciples se formèrent qui, à leur tour, sont devenus des maîtres : Buprez, Ronconi, Moriani ! *Ella è tremante, ella è spirante*, ce cri suprême de l'amour éploré, ne l'entendez-vous pas au loin retentir sous les marbres et les sombres touffes de verdure du jardin de. Bellini ? Et le son de la voix de Jenny Lind, cet accent pathétique et profond, qui le remplacera ? Essayez, après ces magnifiques explosions du cœur, d'en revenir à la roulade, aux vocalises du *rossignol des bois*, à la *difficulté* ; la Sontag elle-même y a perdu sa peine et son talent. C'était agréable et joli, curieux surtout ;

mais toutes ces graces, toutes ces enjolivures, toutes ces mignardises charmantes avaient perdu leur écho dans nos ames. Vous connaissez ces chefs-d'œuvre de marqueterie et de ciselure : on pousse un ressort, et voilà que soudain un oiseau surgit, un bel oiseau tout emplumé de saphirs et de diamans. Il chante à plein gosier les variations de Rode et bien d'autres merveilles ; puis tout à coup la charnière se referme, il disparaît, et tout est dit. Rendormez-vous, bel oiseau bleu, qui n'êtes plus, hélas ! couleur du temps !

Ces idées me venaient l'autre soir en entendant ce jeune homme, que l'âpre muse du Nord a formé, rendre sur son clavier le finale de la *Sonnambula* avec cette largeur mélancolique et, qu'on me passe l'expression, avec cette faculté, ce don de la tristesse, secret du génie scandinave, car lui aussi chante comme Rubini, et ce qu'a fait pour la voix l'admirable interprète de Bellini, il le fera dans la sphère où son activité s'exerce. Assez de gammes chromatiques, d'arpèges et de triolets ; voici le tour maintenant d'un art plus sérieux. Il y a du Schubert chez M. Haberbier et aussi du Chopin, et je n'exagère rien lorsque j'ajoute que M. Haberbier, tout en rendant avec la grace nuancée et l'exquise délicatesse qu'elles comportent la plupart des inspirations du maître polonais, imprime à certaines d'entre elles, d'un caractère plus énergique et plus âpre, une bravoure d'exécution, une vigueur d'entrain, qui se trouvent au fond de la pensée du compositeur, et que sa complexion délicate et nerveuse se refusait à reproduire. J'ai dit que c'était un des très grands charmes des artistes du

Nord que cet accent natal qui jamais en eux ne se perd ni ne s'altère. Si tant d'autres preuves n'existaient pas de cette vérité, l'exemple de Chopin suffirait. Si vous avez observé en effet cette nature éminente et rare dont le développement s'est accompli presque sous nos yeux, vous aurez vu que des années passées au centre de ce que la civilisation a de plus excessif n'avaient pu chez lui porter la moindre atteinte à la nationalité. Laquelle de ses compositions, et je parle ici des œuvres de sa seconde manière, de ses nocturnes, qu'il écrivait après dix ans de séjour au milieu des raffinemens intellectuels de la société parisienne, laquelle de ses compositions ne respire le génie du Nord ? Où trouverez-vous que l'accent ait fait défaut ? A Dieu ne plaise que je confonde ici deux natures, qui, bien qu'elles se prêtent à certains rapprochemens, n'en conservent pas moins des différences très marquées ! Le génie des races a ses nuances, et qui dit scandinavisme, encore qu'il s'agisse purement et simplement de musique, ne dit point slavisme. C'est assez insister sur la ligne de séparation qui existe entre l'école scandinave et celle dont Chopin fut le représentant et le chef. Les Slaves ont dans leur instinct quelque chose de saccadé et de sauvage qui ne se rencontre pas d'ordinaire chez les peuples de la Baltique. Quiconque a connu Chopin a pu observer à loisir comment chez lui cette rudesse du sol natal avait été modifiée par des conditions toutes personnelles d'élégance et de distinction. Et pourtant cette physionomie languissante avait ses éclairs d'impatience et de colère ; cette nature douce et fine avait ses emportemens, ses brusqueries et ses soubresauts, empreintes originaires, souvenirs du sol barbare dont la trace énergique et profonde se révèle en plus d'une de ces mazourkes si peu comprises de la foule, qui n'en saisit que le côté frivole. Prenez garde, madame, cette note sauvage que vous trouvez *originale*, et qui pour vous marque un temps dans la figure, est peut-être le réveil d'une douleur atroce, et l'ame d'un grand poète a saigné à ce cri de désespoir qui vient de donner si délicieusement la réplique aux glissades éperonnées de votre cavalier !

Ce qui a manqué à Chopin, ce sont les moyens d'exécution. Se révéler au public dans tout ce que sa pensée avait de force et d'étendue, il ne le pouvait pas : son organisation délicate et maladive s'y opposait ; sa main trahissait son génie, non certes en ce que ce génie contenait de délicat et de charmant, — tout au contraire, la sensibilité nerveuse de l'individu ajoutait en ce cas une incomparable poésie et semblait aider à l'idéale perfection du *rendu* ; — mais, je le répète, la puissance demeurait lettre close ; et cependant cette puissance existe. Grandeur et force dans les idées, solennité même parfois, telles sont ses qualités supérieures mêlées à d'autres pour lesquelles un monde superficiel l'a exclusivement adopté, qualités que le public ignore, et qu'il n'appartient qu'à un maître de lui révéler.

Ce n'est point sans intention que j'ai prononcé là ce mot de maître. Il règne en effet dans le monde les plus incroyables idées sur le genre d'estime et de considération que l'on doit à certains talons, et je ne sais rien de plus erroné que les classifications d'après lesquelles le public assigne aux artistes leur place. À l'heure qu'il est, le *virtuose* encombre tout ; ce parasitisme de nouvelle espèce menace d'étouffer en leur élan les plus généreuses tendances. Qu'il y ait des gens qui, parce qu'ils savent assez brillamment faire poudroyer sous leurs doigts des gammes chromatiques doubles et qu'ils dévorent les octaves comme le coursier du désert dévore l'espace, s'imaginent pouvoir inscrire leurs noms à côté des plus illustres, à tout prendre cela se conçoit encore l'orgueil humain est sujet à de si singulières divagations !

Pour être plus qu'un roi, tu te crois quelque chose.

Mais ce qui moins facilement nous entre dans l'esprit, c'est qu'il se trouve un public pour ratifier des prétentions semblables, ce qui presque toujours a lieu. Il faut renoncer à dire le nombre des médiocrités que le piano a contribué à produire surtout depuis les perfectionnemens apportés dans son mécanisme pendant ces dernières années. Le piano est en outre l'instrument qui a peut-être le plus faussé le goût du public en fait de musique instrumentale ; cependant, ne l'oublions pas, ce fut l'instrument de Mozart, lequel, avant d'être un grand compositeur, était ce que nous appellerions aujourd'hui un grand pianiste. Seulement, à cette époque, le virtuose, tel que nous le possédons désormais n'avait point encore paru, et le piano ne représentait aux yeux du maître qu'un moyen plus complet, quoique bien imparfait encore ; de manifester sa pensée. Voici un passage que je trouve dans une Lettre datée de Vienne, et que Mozart écrivait à un

30

de ses amis vers 1771 : « Je viens de voir chez un nommé Steiner une invention merveilleuse qu'il appelle un piano-forte, et où le son se produit à l'aide d'un marteau qui retombe sur la corde ; c'est admirable, surtout si je pense à tous les effets charmans que cela va rendre possibles ! »

En ce sens, Beethoven et Marie de Weber étaient des pianistes, et Meyerbeer aussi, lequel, dans sa jeunesse, donnait des concerts et se *faisait entendre*, comme on dit en style de programme ; pianistes-compositeurs, pianistes-maîtres, ayant d'autant plus qualité pour interpréter la musique des autres, qu'ils se sentaient en propre, au fond de l'ame, des trésors d'inspiration originale ! À cette classe d'esprits se rattache directement Chopin, et, si prodigieuse que soit l'exécution chez M. Haberbier, c'est aussi surtout par ce côté de l'imagination et du style que son individualité se recommande. Quelle fantaisie et quelle grace dans les mille improvisations échappées à sa plume ! Délicatesse et force, tout y est. Les motifs se déroulent vaporeux, charmans ; les notes emperlées s'éparpillent en folles cascades, et, dans la rêverie où cette musique vous plonge, tout sentiment s'évanouit de la difficulté vaincue. Vous diriez par momens le collier de Schubert qui s'égrène sur l'ivoire du piano de Chopin, lorsque tout à coup l'accent norvégien brusquement se réveille, et quelque souffle mélodieux vous emporte au pays des Walkyries. « Quand je suis mal disposé, disait un jour Chopin à la princesse de B., je joue sur un piano d'Érard et j'y trouve facilement un son *tout fait* ; mais, quand je me sens en verve et assez fort pour trouver mon *propre son à moi*, il me faut un piano de Pleyel. » Comme Chopin, M. Haberbier semble s'attacher de préférence aux pianos de Pleyel. D'un mécanisme singulièrement plus compliqué, l'instrument d'Érard arrive, si l'on veut, à de plus éclatans effets de sonorité, sans qu'il en coûte de grands efforts au pianiste, et, par cela même, invite l'exécutant à l'exagération des moyens extérieurs, au bruit matériel, au charlatanisme. Chopin seul a échappé à ce genre factice ; par malheur, comme nous le disions, la force lui manquait pour impressionner un public nombreux, et personne, en dehors des vrais connaisseurs, ne s'est jamais assez rendu compte de ce qu'il y avait de profondément admirable dans ce talent. Le son, dans le piano de Pleyel, plus velouté que partout ailleurs, exige qu'on le cherche, et il suffit d'entendre M. Haberbier pour se convaincre qu'une fois qu'on a su le trouver, il a une égalité, une netteté et en même temps une puissance incomparables. Avec Pleyel, le son s'obtient, je le répète, à force de pression et ne livre toute sa puissance et tout son volume qu'à une sollicitation persévérante et magistrale. « Pour être un grand pianiste, on n'a pas besoin de bras, répétait le vieux Cramer, un des excellens maîtres que l'art du piano ait jamais eus, la *main* suffit. » Que pensent de cet axiome certains habiles du moment ?

Après avoir préludé à sa carrière à Saint-Pétersbourg, à Stockholm, à Copenhague surtout, où les plus beaux succès l'encouragèrent, M. Haberbier, sentant se développer ses forces et grandir sa vocation, se retira en Norvège pour s'y livrer à de nouvelles études. C'est à ces trois années d'exil volontaire passées au milieu de ces steppes neigeuses qu'ont dû le jour tant de compositions originales qu'il exécute, les unes d'une si vaporeuse mélancolie, les autres si puissamment empreintes d'une sorte de romantisme sauvage. Arrivé à cette période où le talent, sûr enfin de lui-même, croit le moment venu d'engager la lutte avec la renommée, M. Haberbier débarquait à Paris il y a quelques mois. Paris, on le sait, ne se décide point sans quelque peine à croire aux gloires ignorées. Il en était donc là, le pauvre artiste, attendant son heure dans l'isolement et l'oubli et désespérant presque, lorsque la fortune lui amena, pour le protéger et l'aider à vaincre des difficultés qu'à lui seul peut-être il n'eût pas surmontées, le représentant de l'une des plus illustres maisons de l'Allemagne, musicien lui-même et des meilleurs, M. le comte de Linange. On se souvient du prince Belgiojoso et de l'influence qu'exerça son amitié sur l'avenir, depuis si magnifique, de Mario de Candia ; ce que fut le gentilhomme lombard envers le successeur de Rubini, le comte de Linange l'a été à l'égard du nouveau venu dans la carrière, et, pour que rien ne manquât à la ressemblance, il se trouve que les deux patrons illustres ont encore de commun entre eux une voix de ténor admirable, et que le comte de Linange chante aujourd'hui comme jadis chanta le prince Belgiojoso.

C'est de Copenhague que M. Haberbier nous vient. En fait d'adoptions de ce genre, la patrie de Thorwaldsen et d'Oehlenschlœger ne marchande jamais : elle peut, ainsi que nous en avons vu l'exemple avec M. Gade, négliger aux débuts un de ses propres enfans, quitte à le couronner doublement au jour du succès ; mais, dès l'instant qu'une gloire va poindre au ciel de la Norvège ou de la Suède, comptez qu'elle ne négligera rien pour se l'approprier. À quelque point de vue qu'on envisage le scandinavisme, ce mouvement, ne fût-il qu'une de ces magnifiques chimères dont s'enivre l'esprit des peuples à certaines périodes de recrudescence, aura toujours fourni à Copenhague l'occasion de faire ouvre de capitale. Là en effet est le point central, l'activité, l'intelligence et la vie ; là se rencontrent les bibliothèques, les musées, les établissemens littéraires ; là, tout ce qui touche à la nationalité commune, musique, poésie et beaux-arts, a ses fondations. L'éducation populaire y est plus répandue, les sciences y prennent un plus vif essor. et, si limité qu'il soit, ce petit état fournit à lui seul à l'union scandinave plus d'hommes distingués dans toutes les fonctions que les deux autres royaumes pris ensemble n'en sauraient produire. Cette suprématie que sa position sur le Sund lui confère, la capitale du Danemark ne perd pas une occasion de l'exercer, même la moindre. Elle attire, elle absorbe. Que la Norvège ait un poète. c'est aussitôt la langue danoise qui lui fournit l'harmonie de ses rimes, c'est le sol hospitalier du Danemark qui le tient attaché ; qu'une voix mélodieuse entre toutes vibre en Suède, que Jenny Lind débute : avant Stockholm Copenhague a saisi son premier prélude. Pour me servir, en terminant, de l'expression d'un poète du lieu, c'est des bords du Sund que sont partis les chants d'antique poésie qui furent entendus de tous les peuples du Nord.

Après cela, que la direction imprimée à la musique par la capitale du Danemark soit en rapport avec sa puissance d'attraction ou d'absorption, voilà ce que je n'oserais affirmer. Les qualités de la musique scandinave restent au fond toujours les mêmes, et c'est bien plutôt de reproduire le sentiment national qu'il s'agit que de fonder ce que nous appellerions, dans un langage convenu, une école d'art. L'esprit du Nord, le *nordisme*, comme ils disent (*nordiskhed*), tel est chez les compositeurs le souffle vivifiant, lequel se traduit ensuite chez les exécutans par la vigueur de l'accent, la puissance et l'intensité du son. On comprend que le fameux précepte de l'art pour l'art, si religieusement observé en d'autres pays, ne compte ici que pour très peu. J'ignore si des élémens que j'ai essayé de caractériser une école doit sortir ; dans tous les cas, ce ne serait qu'après des modifications nombreuses et en abandonnant, comme il arrive d'ordinaire à qui se civilise, quelque chose de l'individualité propre, car, en musique, gagner du côté de l'art, c'est souvent perdre du côté de la nationalité, et je doute qu'à pareil jeu le pur scandinavisme trouvât son compte.

H. BLAZE DE BURY.